SIMPLICITY

Inspirations for a simpler life

18-MONTH WEEKLY PLANNER

July 2019 – December 2020

Published by Sellers Publishing, Inc., South Portland, Maine

Astronomical information is in Eastern Time and Daylight Saving Time.
Key to abbreviations: United States (US), Canada (CAN), United Kingdom (UK), Australia (AUS), South Australia (SA), New South Wales (NSW), Australian Capital Territory (ACT), New Zealand (NZ).

Deborah DeWit is a product of a creative legacy.

A sixth-generation artist, her imaginative spirit and expressive photographic imagery celebrate the beauty of the everyday. DeWit's first exhibition was at the age of 19, and now, more than forty years later, her images continue to captivate and delight viewers.

With *Simplicity*, DeWit's personal and inspired calendar, she endeavors to share the visual experience of capturing a special moment in life that causes the viewer to give pause, reflect, and rejoice in the profound beauty that surrounds and enriches us all.

2019

JANUARY

S	M	T	W	T	F	S
		1	2	3	4	5
6	7	8	9	10	11	12
13	14	15	16	17	18	19
20	21	22	23	24	25	26
27	28	29	30	31		

FEBRUARY

S	M	T	W	T	F	S
					1	2
3	4	5	6	7	8	9
10	11	12	13	14	15	16
17	18	19	20	21	22	23
24	25	26	27	28		

MARCH

S	M	T	W	T	F	S
					1	2
3	4	5	6	7	8	9
10	11	12	13	14	15	16
17	18	19	20	21	22	23
24	25	26	27	28	29	30
31						

APRIL

S	M	T	W	T	F	S
	1	2	3	4	5	6
7	8	9	10	11	12	13
14	15	16	17	18	19	20
21	22	23	24	25	26	27
28	29	30				

MAY

S	M	T	W	T	F	S
			1	2	3	4
5	6	7	8	9	10	11
12	13	14	15	16	17	18
19	20	21	22	23	24	25
26	27	28	29	30	31	

JUNE

S	M	T	W	T	F	S
						1
2	3	4	5	6	7	8
9	10	11	12	13	14	15
16	17	18	19	20	21	22
23	24	25	26	27	28	29
30						

JULY

S	M	T	W	T	F	S
	1	2	3	4	5	6
7	8	9	10	11	12	13
14	15	16	17	18	19	20
21	22	23	24	25	26	27
28	29	30	31			

AUGUST

S	M	T	W	T	F	S
				1	2	3
4	5	6	7	8	9	10
11	12	13	14	15	16	17
18	19	20	21	22	23	24
25	26	27	28	29	30	31

SEPTEMBER

S	M	T	W	T	F	S
1	2	3	4	5	6	7
8	9	10	11	12	13	14
15	16	17	18	19	20	21
22	23	24	25	26	27	28
29	30					

OCTOBER

S	M	T	W	T	F	S
		1	2	3	4	5
6	7	8	9	10	11	12
13	14	15	16	17	18	19
20	21	22	23	24	25	26
27	28	29	30	31		

NOVEMBER

S	M	T	W	T	F	S
					1	2
3	4	5	6	7	8	9
10	11	12	13	14	15	16
17	18	19	20	21	22	23
24	25	26	27	28	29	30

DECEMBER

S	M	T	W	T	F	S
1	2	3	4	5	6	7
8	9	10	11	12	13	14
15	16	17	18	19	20	21
22	23	24	25	26	27	28
29	30	31				

July 2019

MONTH OVERVIEW

JUNE

S	M	T	W	T	F	S
						1
2	3	4	5	6	7	8
9	10	11	12	13	14	15
16	17	18	19	20	21	22
23	24	25	26	27	28	29
30						

AUGUST

S	M	T	W	T	F	S
				1	2	3
4	5	6	7	8	9	10
11	12	13	14	15	16	17
18	19	20	21	22	23	24
25	26	27	28	29	30	31

Sunday	Monday	Tuesday	Wednesday	Thursday	Friday	Saturday
30	1 Canada Day	2 ● NEW MOON	3	4 Independence Day	5	6
7	8	9	10	11	12	13
14	15	16 ○ FULL MOON	17	18	19	20
21	22	23	24	25	26	27
28	29	30	31 ● NEW MOON	1	2	3

Notes

I adore simple pleasures.
They are the last refuge of the complex.

Oscar Wilde

July

1 Monday — Canada Day

2 Tuesday — ● New Moon

3 Wednesday

4 Thursday — Independence Day

5 Friday

6 Saturday

7 Sunday

Notes

JULY

S	M	T	W	T	F	S
	1	2	3	4	5	6
7	8	9	10	11	12	13
14	15	16	17	18	19	20
21	22	23	24	25	26	27
28	29	30	31			

AUGUST

S	M	T	W	T	F	S
				1	2	3
4	5	6	7	8	9	10
11	12	13	14	15	16	17
18	19	20	21	22	23	24
25	26	27	28	29	30	31

2019

Gratitude is when memory is stored in the heart
and not in the mind.

LIONEL HAMPTON

July

8 MONDAY

9 TUESDAY

10 WEDNESDAY

11 THURSDAY

12 FRIDAY

13 SATURDAY

14 SUNDAY

Notes

JULY

S	M	T	W	T	F	S
	1	2	3	4	5	6
7	8	9	10	11	12	13
14	15	16	17	18	19	20
21	22	23	24	25	26	27
28	29	30	31			

AUGUST

S	M	T	W	T	F	S
				1	2	3
4	5	6	7	8	9	10
11	12	13	14	15	16	17
18	19	20	21	22	23	24
25	26	27	28	29	30	31

2019

I would rather sit on a pumpkin and have it all to myself,
than be crowded on a velvet cushion.

HENRY DAVID THOREAU

July

15 Monday

16 Tuesday ○ Full Moon

17 Wednesday

18 Thursday

19 Friday

20 Saturday

21 Sunday

Notes

JULY

S	M	T	W	T	F	S
	1	2	3	4	5	6
7	8	9	10	11	12	13
14	15	16	17	18	19	20
21	22	23	24	25	26	27
28	29	30	31			

AUGUST

S	M	T	W	T	F	S
				1	2	3
4	5	6	7	8	9	10
11	12	13	14	15	16	17
18	19	20	21	22	23	24
25	26	27	28	29	30	31

2019

Live simply that others may simply live.

Quaker precept

July

22 Monday

23 Tuesday

24 Wednesday

25 Thursday

26 Friday

27 Saturday

28 Sunday

Notes

JULY

S	M	T	W	T	F	S
	1	2	3	4	5	6
7	8	9	10	11	12	13
14	15	16	17	18	19	20
21	22	23	24	25	26	27
28	29	30	31			

AUGUST

S	M	T	W	T	F	S
				1	2	3
4	5	6	7	8	9	10
11	12	13	14	15	16	17
18	19	20	21	22	23	24
25	26	27	28	29	30	31

2019

August 2019

MONTH OVERVIEW

JULY						
S	M	T	W	T	F	S
	1	2	3	4	5	6
7	8	9	10	11	12	13
14	15	16	17	18	19	20
21	22	23	24	25	26	27
28	29	30	31			

SEPTEMBER						
S	M	T	W	T	F	S
1	2	3	4	5	6	7
8	9	10	11	12	13	14
15	16	17	18	19	20	21
22	23	24	25	26	27	28
29	30					

Sunday	Monday	Tuesday	Wednesday	Thursday	Friday	Saturday
28	29	30	31	1	2	3
4	5 Bank Holiday (NSW) Civic Holiday (Canada)	6	7	8	9	10
11	12	13	14	15 ○ FULL MOON	16	17
18	19	20	21	22	23	24
25	26 Bank Holiday (UK)	27	28	29	30 ● NEW MOON	31

Notes

Nature always wears the colors of the spirit.

Ralph Waldo Emerson

July/August

29 Monday

30 Tuesday

31 Wednesday ● New Moon

1 Thursday

2 Friday

3 Saturday

4 Sunday

Notes

AUGUST

S	M	T	W	T	F	S
				1	2	3
4	5	6	7	8	9	10
11	12	13	14	15	16	17
18	19	20	21	22	23	24
25	26	27	28	29	30	31

SEPTEMBER

S	M	T	W	T	F	S
1	2	3	4	5	6	7
8	9	10	11	12	13	14
15	16	17	18	19	20	21
22	23	24	25	26	27	28
29	30					

2019

In wilderness I sense the miracle of life, and behind it our scientific accomplishments fade to trivia.

Charles Lindbergh

August

5 MONDAY

Civic Holiday (Canada)

Bank Holiday (NSW)

6 TUESDAY

7 WEDNESDAY

8 THURSDAY

9 FRIDAY

10 SATURDAY

11 SUNDAY

Notes

AUGUST

S	M	T	W	T	F	S
				1	2	3
4	5	6	7	8	9	10
11	12	13	14	15	16	17
18	19	20	21	22	23	24
25	26	27	28	29	30	31

SEPTEMBER

S	M	T	W	T	F	S
1	2	3	4	5	6	7
8	9	10	11	12	13	14
15	16	17	18	19	20	21
22	23	24	25	26	27	28
29	30					

The truly rich are those who enjoy what they have.

Yiddish Proverb

August

12 Monday

13 Tuesday

14 Wednesday

15 Thursday ○ Full Moon

16 Friday

17 Saturday

18 Sunday

Notes

AUGUST						
S	M	T	W	T	F	S
				1	2	3
4	5	6	7	8	9	10
11	12	13	14	15	16	17
18	19	20	21	22	23	24
25	26	27	28	29	30	31

SEPTEMBER						
S	M	T	W	T	F	S
1	2	3	4	5	6	7
8	9	10	11	12	13	14
15	16	17	18	19	20	21
22	23	24	25	26	27	28
29	30					

2019

The main purpose of science is simplicity, and as we understand more things, everything is becoming simpler.

EDWARD TELLER

August

19 Monday

20 Tuesday

21 Wednesday

22 Thursday

23 Friday

24 Saturday

25 Sunday

Notes

AUGUST

S	M	T	W	T	F	S
				1	2	3
4	5	6	7	8	9	10
11	12	13	14	15	16	17
18	19	20	21	22	23	24
25	26	27	28	29	30	31

SEPTEMBER

S	M	T	W	T	F	S
1	2	3	4	5	6	7
8	9	10	11	12	13	14
15	16	17	18	19	20	21
22	23	24	25	26	27	28
29	30					

2019

September 2019

MONTH OVERVIEW

AUGUST

S	M	T	W	T	F	S
				1	2	3
4	5	6	7	8	9	10
11	12	13	14	15	16	17
18	19	20	21	22	23	24
25	26	27	28	29	30	31

OCTOBER

S	M	T	W	T	F	S
		1	2	3	4	5
6	7	8	9	10	11	12
13	14	15	16	17	18	19
20	21	22	23	24	25	26
27	28	29	30	31		

Sunday	Monday	Tuesday	Wednesday	Thursday	Friday	Saturday
1 Father's Day (Australia, NZ)	2 Labor Day (US, Canada)	3	4	5	6	7
8	9	10	11	12	13	14 ○ FULL MOON
15	16	17	18	19	20	21 UN International Day of Peace
22	23 Autumnal Equinox	24	25	26	27	28 ● NEW MOON
29 Rosh Hashanah begins at sundown	30 Queen's Birthday (W. Australia)	1	2	3	4	5

Notes

As I grow to understand life less and less,
I learn to love it more and more.

JULES RENARD

August/September

26 Monday — Bank Holiday (UK)

27 Tuesday

28 Wednesday

29 Thursday

30 Friday — ● New Moon

31 Saturday

1 Sunday — Father's Day (Australia, NZ)

Notes

SEPTEMBER

S	M	T	W	T	F	S
1	2	3	4	5	6	7
8	9	10	11	12	13	14
15	16	17	18	19	20	21
22	23	24	25	26	27	28
29	30					

OCTOBER

S	M	T	W	T	F	S
		1	2	3	4	5
6	7	8	9	10	11	12
13	14	15	16	17	18	19
20	21	22	23	24	25	26
27	28	29	30	31		

2019

The hardest arithmetic to master is that which enables us to count our blessings.

ERIC HOFFER

September

2 Monday

Labor Day (US, Canada)

3 Tuesday

4 Wednesday

5 Thursday

6 Friday

7 Saturday

8 Sunday

Notes

SEPTEMBER

S	M	T	W	T	F	S
1	2	3	4	5	6	7
8	9	10	11	12	13	14
15	16	17	18	19	20	21
22	23	24	25	26	27	28
29	30					

OCTOBER

S	M	T	W	T	F	S
		1	2	3	4	5
6	7	8	9	10	11	12
13	14	15	16	17	18	19
20	21	22	23	24	25	26
27	28	29	30	31		

2019

There are only two ways to live your life.
One is as though nothing is a miracle. The other
is as though everything is a miracle.

ALBERT EINSTEIN

September

9 MONDAY

10 TUESDAY

11 WEDNESDAY

12 THURSDAY

13 FRIDAY

14 SATURDAY

○ FULL MOON

15 SUNDAY

Notes

SEPTEMBER

S	M	T	W	T	F	S
1	2	3	4	5	6	7
8	9	10	11	12	13	14
15	16	17	18	19	20	21
22	23	24	25	26	27	28
29	30					

OCTOBER

S	M	T	W	T	F	S
		1	2	3	4	5
6	7	8	9	10	11	12
13	14	15	16	17	18	19
20	21	22	23	24	25	26
27	28	29	30	31		

2019

Look at everything as though you were seeing it either for the first or last time. Then your time on earth will be filled with glory.

Betty Smith

September

16 MONDAY

17 TUESDAY

18 WEDNESDAY

19 THURSDAY

20 FRIDAY

21 SATURDAY

UN International Day of Peace

22 SUNDAY

Notes

SEPTEMBER

S	M	T	W	T	F	S
1	2	3	4	5	6	7
8	9	10	11	12	13	14
15	16	17	18	19	20	21
22	23	24	25	26	27	28
29	30					

OCTOBER

S	M	T	W	T	F	S
		1	2	3	4	5
6	7	8	9	10	11	12
13	14	15	16	17	18	19
20	21	22	23	24	25	26
27	28	29	30	31		

2019

What sunshine is to flowers, smiles are to humanity. They are but trifles, to be sure; but, scattered along life's pathway, the good they do is inconceivable.

Joseph Addison

September

23 Monday — Autumnal Equinox

24 Tuesday

25 Wednesday

26 Thursday

27 Friday

28 Saturday — ● New Moon

29 Sunday — Rosh Hashanah begins at sundown

Notes

SEPTEMBER

S	M	T	W	T	F	S
1	2	3	4	5	6	7
8	9	10	11	12	13	14
15	16	17	18	19	20	21
22	23	24	25	26	27	28
29	30					

OCTOBER

S	M	T	W	T	F	S
		1	2	3	4	5
6	7	8	9	10	11	12
13	14	15	16	17	18	19
20	21	22	23	24	25	26
27	28	29	30	31		

2019

October 2019

MONTH OVERVIEW

SEPTEMBER

S	M	T	W	T	F	S
1	2	3	4	5	6	7
8	9	10	11	12	13	14
15	16	17	18	19	20	21
22	23	24	25	26	27	28
29	30					

NOVEMBER

S	M	T	W	T	F	S
					1	2
3	4	5	6	7	8	9
10	11	12	13	14	15	16
17	18	19	20	21	22	23
24	25	26	27	28	29	30

Sunday	Monday	Tuesday	Wednesday	Thursday	Friday	Saturday
29	30	1	2	3	4	5
6	7 Labour Day (ACT, NSW, SA) Queen's Birthday (Queensland)	8 Yom Kippur begins at sundown	9	10	11	12
13 ○ FULL MOON	14 Columbus Day (observed) Thanksgiving (Canada)	15	16	17	18	19
20	21	22	23	24	25	26
27 ● NEW MOON	28 Labour Day (New Zealand)	29	30	31 Halloween	1	2

Notes

It is never too late to be what you might have been.

George Eliot

September/October

30 MONDAY
Queen's Birthday (W. Australia)

1 TUESDAY

2 WEDNESDAY

3 THURSDAY

4 FRIDAY

5 SATURDAY

6 SUNDAY

Notes

OCTOBER

S	M	T	W	T	F	S
		1	2	3	4	5
6	7	8	9	10	11	12
13	14	15	16	17	18	19
20	21	22	23	24	25	26
27	28	29	30	31		

NOVEMBER

S	M	T	W	T	F	S
					1	2
3	4	5	6	7	8	9
10	11	12	13	14	15	16
17	18	19	20	21	22	23
24	25	26	27	28	29	30

2019

Beware the barrenness of a busy life.

SOCRATES

October

7 Monday

Labour Day (ACT, NSW, SA)

Queen's Birthday (Queensland)

8 Tuesday

Yom Kippur begins at sundown

9 Wednesday

10 Thursday

11 Friday

12 Saturday

13 Sunday

○ Full Moon

Notes

OCTOBER

S	M	T	W	T	F	S
		1	2	3	4	5
6	7	8	9	10	11	12
13	14	15	16	17	18	19
20	21	22	23	24	25	26
27	28	29	30	31		

NOVEMBER

S	M	T	W	T	F	S
					1	2
3	4	5	6	7	8	9
10	11	12	13	14	15	16
17	18	19	20	21	22	23
24	25	26	27	28	29	30

2019

There is a master key to success with which no man can fail. Its name is simplicity . . . reducing to the simplest possible terms every problem.

HENRI DETERDING

October

14 Monday

Columbus Day (observed)

Thanksgiving (Canada)

15 Tuesday

16 Wednesday

17 Thursday

18 Friday

19 Saturday

20 Sunday

Notes

OCTOBER

S	M	T	W	T	F	S
		1	2	3	4	5
6	7	8	9	10	11	12
13	14	15	16	17	18	19
20	21	22	23	24	25	26
27	28	29	30	31		

NOVEMBER

S	M	T	W	T	F	S
					1	2
3	4	5	6	7	8	9
10	11	12	13	14	15	16
17	18	19	20	21	22	23
24	25	26	27	28	29	30

2019

Simplicity is the essence of happiness.

CEDRIC BLEDSO

October

21 Monday

22 Tuesday

23 Wednesday

24 Thursday

25 Friday

26 Saturday

27 Sunday ● New Moon

Notes

OCTOBER

S	M	T	W	T	F	S
		1	2	3	4	5
6	7	8	9	10	11	12
13	14	15	16	17	18	19
20	21	22	23	24	25	26
27	28	29	30	31		

NOVEMBER

S	M	T	W	T	F	S
					1	2
3	4	5	6	7	8	9
10	11	12	13	14	15	16
17	18	19	20	21	22	23
24	25	26	27	28	29	30

2019

November 2019

MONTH OVERVIEW

OCTOBER						
S	M	T	W	T	F	S
		1	2	3	4	5
6	7	8	9	10	11	12
13	14	15	16	17	18	19
20	21	22	23	24	25	26
27	28	29	30	31		

DECEMBER						
S	M	T	W	T	F	S
1	2	3	4	5	6	7
8	9	10	11	12	13	14
15	16	17	18	19	20	21
22	23	24	25	26	27	28
29	30	31				

Sunday	Monday	Tuesday	Wednesday	Thursday	Friday	Saturday
27	28	29	30	31	1 All Saints' Day	2
3 Daylight Saving ends	4	5 Election Day	6	7	8	9
10 Remembrance Sunday (UK)	11 Veterans Day Remembrance Day (CAN, AUS, NZ)	12 ○ FULL MOON	13	14	15	16
17	18	19	20	21	22	23
24	25	26 ● NEW MOON	27	28 Thanksgiving	29	30

Notes

Simplicity is the glory of expression.

Walt Whitman

October/November

28 Monday — Labour Day (New Zealand)

29 Tuesday

30 Wednesday

31 Thursday — Halloween

1 Friday — All Saints' Day

2 Saturday

3 Sunday — Daylight Saving ends

Notes

NOVEMBER

S	M	T	W	T	F	S
					1	2
3	4	5	6	7	8	9
10	11	12	13	14	15	16
17	18	19	20	21	22	23
24	25	26	27	28	29	30

DECEMBER

S	M	T	W	T	F	S
1	2	3	4	5	6	7
8	9	10	11	12	13	14
15	16	17	18	19	20	21
22	23	24	25	26	27	28
29	30	31				

2019

The more we simplify our material needs the more we are free to think of other things.

Eleanor Roosevelt

November

4 MONDAY

5 TUESDAY

Election Day

6 WEDNESDAY

7 THURSDAY

8 FRIDAY

9 SATURDAY

10 SUNDAY

Remembrance Sunday (UK)

Notes

NOVEMBER

S	M	T	W	T	F	S
					1	2
3	4	5	6	7	8	9
10	11	12	13	14	15	16
17	18	19	20	21	22	23
24	25	26	27	28	29	30

DECEMBER

S	M	T	W	T	F	S
1	2	3	4	5	6	7
8	9	10	11	12	13	14
15	16	17	18	19	20	21
22	23	24	25	26	27	28
29	30	31				

2019

Happiness is not a matter of intensity but of balance, order, rhythm, and harmony.

THOMAS MERTON

November

11 MONDAY
Veterans Day
Remembrance Day (CAN, AUS, NZ)

12 TUESDAY
○ FULL MOON

13 WEDNESDAY

14 THURSDAY

15 FRIDAY

16 SATURDAY

17 SUNDAY

Notes

NOVEMBER

S	M	T	W	T	F	S
					1	2
3	4	5	6	7	8	9
10	11	12	13	14	15	16
17	18	19	20	21	22	23
24	25	26	27	28	29	30

DECEMBER

S	M	T	W	T	F	S
1	2	3	4	5	6	7
8	9	10	11	12	13	14
15	16	17	18	19	20	21
22	23	24	25	26	27	28
29	30	31				

2019

It is neither wealth nor splendor, but tranq
and occupation, which give happiness

THOMAS

November

18 Monday

19 Tuesday

20 Wednesday

21 Thursday

22 Friday

23 Saturday

24 Sunday

Notes

NOVEMBER

S	M	T	W	T	F	S
					1	2
3	4	5	6	7	8	9
10	11	12	13	14	15	16
17	18	19	20	21	22	23
24	25	26	27	28	29	30

DECEMBER

S	M	T	W	T	F	S
1	2	3	4	5	6	7
8	9	10	11	12	13	14
15	16	17	18	19	20	21
22	23	24	25	26	27	28
29	30	31				

2019

December 2019

MONTH OVERVIEW

NOVEMBER

S	M	T	W	T	F	S
					1	2
3	4	5	6	7	8	9
10	11	12	13	14	15	16
17	18	19	20	21	22	23
24	25	26	27	28	29	30

JANUARY 2020

S	M	T	W	T	F	S
			1	2	3	4
5	6	7	8	9	10	11
12	13	14	15	16	17	18
19	20	21	22	23	24	25
26	27	28	29	30	31	

Sunday	Monday	Tuesday	Wednesday	Thursday	Friday	Saturday
1	2	3	4	5	6	7 Pearl Harbor Remembrance Day
8	9	10	11	12 ○ FULL MOON	13	14
15	16	17	18	19	20	21 Winter Solstice
22 Hanukkah begins at sundown	23	24	25 Christmas	26 Boxing Day (CAN, UK, AUS, NZ) Kwanzaa begins ● NEW MOON	27	28
29	30	31	1	2	3	4

Notes

The point in life is to know what's enough — why envy those otherworld immortals? With the happiness held in one inch-square heart you can fill the whole space between heaven and earth.

GENSEI

November/December

25 MONDAY

26 TUESDAY ● NEW MOON

27 WEDNESDAY

28 THURSDAY Thanksgiving

29 FRIDAY

30 SATURDAY

1 SUNDAY

Notes

DECEMBER

S	M	T	W	T	F	S
1	2	3	4	5	6	7
8	9	10	11	12	13	14
15	16	17	18	19	20	21
22	23	24	25	26	27	28
29	30	31				

JANUARY 2020

S	M	T	W	T	F	S
			1	2	3	4
5	6	7	8	9	10	11
12	13	14	15	16	17	18
19	20	21	22	23	24	25
26	27	28	29	30	31	

Too old to plant trees for my own gratification,
I shall do it for my posterity.

THOMAS JEFFERSON

December

2 Monday

3 Tuesday

4 Wednesday

5 Thursday

6 Friday

7 Saturday

Pearl Harbor
Remembrance Day

8 Sunday

Notes

DECEMBER

S	M	T	W	T	F	S
1	2	3	4	5	6	7
8	9	10	11	12	13	14
15	16	17	18	19	20	21
22	23	24	25	26	27	28
29	30	31				

JANUARY 2020

S	M	T	W	T	F	S
			1	2	3	4
5	6	7	8	9	10	11
12	13	14	15	16	17	18
19	20	21	22	23	24	25
26	27	28	29	30	31	

2019

The day, water, sun, moon, night . . .
I do not have to purchase these things with money.

Plautus

December

Notes

9 | MONDAY

10 | TUESDAY

11 | WEDNESDAY

12 | THURSDAY

○ FULL MOON

13 | FRIDAY

14 | SATURDAY

15 | SUNDAY

DECEMBER

S	M	T	W	T	F	S
1	2	3	4	5	6	7
8	9	10	11	12	13	14
15	16	17	18	19	20	21
22	23	24	25	26	27	28
29	30	31				

JANUARY 2020

S	M	T	W	T	F	S
			1	2	3	4
5	6	7	8	9	10	11
12	13	14	15	16	17	18
19	20	21	22	23	24	25
26	27	28	29	30	31	

2019

Let us not be content to wait and see what will happen, but give us the determination to make the right things happen.

PETER MARSHALL

December

16 MONDAY

17 TUESDAY

18 WEDNESDAY

19 THURSDAY

20 FRIDAY

21 SATURDAY

Winter Solstice

22 SUNDAY

Hanukkah begins at sundown

Notes

DECEMBER

S	M	T	W	T	F	S
1	2	3	4	5	6	7
8	9	10	11	12	13	14
15	16	17	18	19	20	21
22	23	24	25	26	27	28
29	30	31				

JANUARY 2020

S	M	T	W	T	F	S
			1	2	3	4
5	6	7	8	9	10	11
12	13	14	15	16	17	18
19	20	21	22	23	24	25
26	27	28	29	30	31	

2019

The happiness of life is made up of the little charities of a kiss or smile, a kind look, a heartfelt compliment.

SAMUEL TAYLOR COLERIDGE

December

23	Monday	
24	Tuesday	
25	Wednesday	Christmas
26	Thursday	Kwanzaa begins Boxing Day (CAN, UK, AUS, NZ) ● New Moon
27	Friday	
28	Saturday	
29	Sunday	

Notes

DECEMBER

S	M	T	W	T	F	S
1	2	3	4	5	6	7
8	9	10	11	12	13	14
15	16	17	18	19	20	21
22	23	24	25	26	27	28
29	30	31				

JANUARY 2020

S	M	T	W	T	F	S
			1	2	3	4
5	6	7	8	9	10	11
12	13	14	15	16	17	18
19	20	21	22	23	24	25
26	27	28	29	30	31	

January 2020

MONTH OVERVIEW

DECEMBER 2019

S	M	T	W	T	F	S
1	2	3	4	5	6	7
8	9	10	11	12	13	14
15	16	17	18	19	20	21
22	23	24	25	26	27	28
29	30	31				

FEBRUARY

S	M	T	W	T	F	S
						1
2	3	4	5	6	7	8
9	10	11	12	13	14	15
16	17	18	19	20	21	22
23	24	25	26	27	28	29

Sunday	Monday	Tuesday	Wednesday	Thursday	Friday	Saturday
29	30	31	1 New Year's Day	2	3	4
5	6	7	8	9	10 ○ FULL MOON	11
12	13	14	15 Martin Luther King Jr.'s Birthday	16	17	18
19	20 Martin Luther King Jr.'s Birthday (observed)	21	22	23	24 ● NEW MOON	25 Chinese New Year
26 Australia Day	27 Australia Day (observed)	28	29	30	31	1

2020

JANUARY

S	M	T	W	T	F	S
			1	2	3	4
5	6	7	8	9	10	11
12	13	14	15	16	17	18
19	20	21	22	23	24	25
26	27	28	29	30	31	

FEBRUARY

S	M	T	W	T	F	S
						1
2	3	4	5	6	7	8
9	10	11	12	13	14	15
16	17	18	19	20	21	22
23	24	25	26	27	28	29

MARCH

S	M	T	W	T	F	S
1	2	3	4	5	6	7
8	9	10	11	12	13	14
15	16	17	18	19	20	21
22	23	24	25	26	27	28
29	30	31				

APRIL

S	M	T	W	T	F	S
			1	2	3	4
5	6	7	8	9	10	11
12	13	14	15	16	17	18
19	20	21	22	23	24	25
26	27	28	29	30		

MAY

S	M	T	W	T	F	S
					1	2
3	4	5	6	7	8	9
10	11	12	13	14	15	16
17	18	19	20	21	22	23
24	25	26	27	28	29	30
31						

JUNE

S	M	T	W	T	F	S
	1	2	3	4	5	6
7	8	9	10	11	12	13
14	15	16	17	18	19	20
21	22	23	24	25	26	27
28	29	30				

JULY

S	M	T	W	T	F	S
			1	2	3	4
5	6	7	8	9	10	11
12	13	14	15	16	17	18
19	20	21	22	23	24	25
26	27	28	29	30	31	

AUGUST

S	M	T	W	T	F	S
						1
2	3	4	5	6	7	8
9	10	11	12	13	14	15
16	17	18	19	20	21	22
23	24	25	26	27	28	29
30	31					

SEPTEMBER

S	M	T	W	T	F	S
		1	2	3	4	5
6	7	8	9	10	11	12
13	14	15	16	17	18	19
20	21	22	23	24	25	26
27	28	29	30			

OCTOBER

S	M	T	W	T	F	S
				1	2	3
4	5	6	7	8	9	10
11	12	13	14	15	16	17
18	19	20	21	22	23	24
25	26	27	28	29	30	31

NOVEMBER

S	M	T	W	T	F	S
1	2	3	4	5	6	7
8	9	10	11	12	13	14
15	16	17	18	19	20	21
22	23	24	25	26	27	28
29	30					

DECEMBER

S	M	T	W	T	F	S
		1	2	3	4	5
6	7	8	9	10	11	12
13	14	15	16	17	18	19
20	21	22	23	24	25	26
27	28	29	30	31		

Enjoy your own life without comparing it with that of another.

Marquis de Condorcet

December 2019/ January 2020

30 Monday

31 Tuesday

1 Wednesday — New Year's Day

2 Thursday

3 Friday

4 Saturday

5 Sunday

Notes

JANUARY

S	M	T	W	T	F	S
			1	2	3	4
5	6	7	8	9	10	11
12	13	14	15	16	17	18
19	20	21	22	23	24	25
26	27	28	29	30	31	

FEBRUARY

S	M	T	W	T	F	S
						1
2	3	4	5	6	7	8
9	10	11	12	13	14	15
16	17	18	19	20	21	22
23	24	25	26	27	28	29

2020

It is the treating of the commonplace with the feelings of the sublime that gives to art its true power.

Jean-François Millet

January

6 MONDAY

7 TUESDAY

8 WEDNESDAY

9 THURSDAY

10 FRIDAY

○ FULL MOON

11 SATURDAY

12 SUNDAY

Notes

JANUARY

S	M	T	W	T	F	S
			1	2	3	4
5	6	7	8	9	10	11
12	13	14	15	16	17	18
19	20	21	22	23	24	25
26	27	28	29	30	31	

FEBRUARY

S	M	T	W	T	F	S
						1
2	3	4	5	6	7	8
9	10	11	12	13	14	15
16	17	18	19	20	21	22
23	24	25	26	27	28	29

2020

With a few flowers in my garden, half a dozen pictures, and some books, I live without envy.

LOPE DE VEGA

January

13 MONDAY

14 TUESDAY

15 WEDNESDAY

Martin Luther King Jr.'s Birthday

16 THURSDAY

17 FRIDAY

18 SATURDAY

19 SUNDAY

Notes

JANUARY

S	M	T	W	T	F	S
			1	2	3	4
5	6	7	8	9	10	11
12	13	14	15	16	17	18
19	20	21	22	23	24	25
26	27	28	29	30	31	

FEBRUARY

S	M	T	W	T	F	S
						1
2	3	4	5	6	7	8
9	10	11	12	13	14	15
16	17	18	19	20	21	22
23	24	25	26	27	28	29

2020

See how nature — trees, flowers, grass —
grows in silence; see the stars, the moon and the sun,
how they move in silence . . .

MOTHER TERESA

January

20 | Monday — Martin Luther King Jr.'s Birthday (observed)

21 | Tuesday

22 | Wednesday

23 | Thursday

24 | Friday — ● New Moon

25 | Saturday — Chinese New Year

26 | Sunday — Australia Day

Notes

JANUARY

S	M	T	W	T	F	S
			1	2	3	4
5	6	7	8	9	10	11
12	13	14	15	16	17	18
19	20	21	22	23	24	25
26	27	28	29	30	31	

FEBRUARY

S	M	T	W	T	F	S
						1
2	3	4	5	6	7	8
9	10	11	12	13	14	15
16	17	18	19	20	21	22
23	24	25	26	27	28	29

2020

February 2020

MONTH OVERVIEW

JANUARY

S	M	T	W	T	F	S
			1	2	3	4
5	6	7	8	9	10	11
12	13	14	15	16	17	18
19	20	21	22	23	24	25
26	27	28	29	30	31	

MARCH

S	M	T	W	T	F	S
1	2	3	4	5	6	7
8	9	10	11	12	13	14
15	16	17	18	19	20	21
22	23	24	25	26	27	28
29	30	31				

Sunday	Monday	Tuesday	Wednesday	Thursday	Friday	Saturday
26	27	28	29	30	31	1
2 Groundhog Day	3	4	5	6 Waitangi Day (New Zealand)	7	8
9 ○ FULL MOON	10	11	12 Lincoln's Birthday	13	14 Valentine's Day	15
16	17 Presidents' Day	18	19	20	21	22 Washington's Birthday
23 ● NEW MOON	24	25	26 Ash Wednesday	27	28	29

Notes

piness is when what you think, what y
and what you do are in harmony.

MAHAT

January/February

27 Monday — Australia Day (observed)

28 Tuesday

29 Wednesday

30 Thursday

31 Friday

1 Saturday

2 Sunday — Groundhog Day

Notes

FEBRUARY

S	M	T	W	T	F	S
						1
2	3	4	5	6	7	8
9	10	11	12	13	14	15
16	17	18	19	20	21	22
23	24	25	26	27	28	29

MARCH

S	M	T	W	T	F	S
1	2	3	4	5	6	7
8	9	10	11	12	13	14
15	16	17	18	19	20	21
22	23	24	25	26	27	28
29	30	31				

2020

Nothing is more the child of art than a garden.

Sir Walter Scott

February

3 Monday

4 Tuesday

5 Wednesday

6 Thursday

Waitangi Day
(New Zealand)

7 Friday

8 Saturday

9 Sunday

○ Full Moon

Notes

FEBRUARY

S	M	T	W	T	F	S
						1
2	3	4	5	6	7	8
9	10	11	12	13	14	15
16	17	18	19	20	21	22
23	24	25	26	27	28	29

MARCH

S	M	T	W	T	F	S
1	2	3	4	5	6	7
8	9	10	11	12	13	14
15	16	17	18	19	20	21
22	23	24	25	26	27	28
29	30	31				

2020

Slow down and enjoy life. It's not only the scenery you miss by going too fast — you also miss the sense of where you're going and why.

EDDIE CANTOR

February

10 | Monday

11 | Tuesday

12 | Wednesday
Lincoln's Birthday

13 | Thursday

14 | Friday
Valentine's Day

15 | Saturday

16 | Sunday

Notes

FEBRUARY

S	M	T	W	T	F	S
						1
2	3	4	5	6	7	8
9	10	11	12	13	14	15
16	17	18	19	20	21	22
23	24	25	26	27	28	29

MARCH

S	M	T	W	T	F	S
1	2	3	4	5	6	7
8	9	10	11	12	13	14
15	16	17	18	19	20	21
22	23	24	25	26	27	28
29	30	31				

2020

We still do not know one thousandth of one percent of what nature has revealed to us.

ALBERT EINSTEIN

February

17 Monday — Presidents' Day

18 Tuesday

19 Wednesday

20 Thursday

21 Friday

22 Saturday — Washington's Birthday

23 Sunday — ● New Moon

Notes

FEBRUARY

S	M	T	W	T	F	S
						1
2	3	4	5	6	7	8
9	10	11	12	13	14	15
16	17	18	19	20	21	22
23	24	25	26	27	28	29

MARCH

S	M	T	W	T	F	S
1	2	3	4	5	6	7
8	9	10	11	12	13	14
15	16	17	18	19	20	21
22	23	24	25	26	27	28
29	30	31				

2020

March 2020

MONTH OVERVIEW

FEBRUARY

S	M	T	W	T	F	S
						1
2	3	4	5	6	7	8
9	10	11	12	13	14	15
16	17	18	19	20	21	22
23	24	25	26	27	28	29

APRIL

S	M	T	W	T	F	S
			1	2	3	4
5	6	7	8	9	10	11
12	13	14	15	16	17	18
19	20	21	22	23	24	25
26	27	28	29	30		

Sunday	Monday	Tuesday	Wednesday	Thursday	Friday	Saturday
1	2 Labour Day (W. Australia)	3	4	5	6	7
8 Daylight Saving begins International Women's Day	9 Commonwealth Day (CAN, UK, AUS) Canberra Day (ACT) Labour Day (Victoria) ○ FULL MOON	10	11	12	13	14
15	16	17 St. Patrick's Day	18	19 Vernal Equinox	20	21
22 Mother's Day (UK)	23	24 ● NEW MOON	25	26	27	28
29	30	31	1	2	3	4

Notes

A well-spent day brings happy sleep.

Leonardo da Vinci

February/March

24 Monday

25 Tuesday

26 Wednesday — Ash Wednesday

27 Thursday

28 Friday

29 Saturday

1 Sunday

Notes

MARCH

S	M	T	W	T	F	S
1	2	3	4	5	6	7
8	9	10	11	12	13	14
15	16	17	18	19	20	21
22	23	24	25	26	27	28
29	30	31				

APRIL

S	M	T	W	T	F	S
			1	2	3	4
5	6	7	8	9	10	11
12	13	14	15	16	17	18
19	20	21	22	23	24	25
26	27	28	29	30		

2020

Leave the beaten track occasionally and dive into the woods. You will be certain to find something you have never seen before.

Alexander Graham Bell

March

2 MONDAY — Labour Day (W. Australia)

3 TUESDAY

4 WEDNESDAY

5 THURSDAY

6 FRIDAY

7 SATURDAY

8 SUNDAY — Daylight Saving begins; International Women's Day

Notes

MARCH

S	M	T	W	T	F	S
1	2	3	4	5	6	7
8	9	10	11	12	13	14
15	16	17	18	19	20	21
22	23	24	25	26	27	28
29	30	31				

APRIL

S	M	T	W	T	F	S
			1	2	3	4
5	6	7	8	9	10	11
12	13	14	15	16	17	18
19	20	21	22	23	24	25
26	27	28	29	30		

2020

What is the good of your stars and trees, your sunrise and the wind, if they do not enter into our daily lives?

E. M. Forster

March

9 Monday

Commonwealth Day (CAN, UK, Australia)

Canberra Day (ACT)

Labour Day (Victoria)

○ Full Moon

10 Tuesday

11 Wednesday

12 Thursday

13 Friday

14 Saturday

15 Sunday

Notes

MARCH

S	M	T	W	T	F	S
1	2	3	4	5	6	7
8	9	10	11	12	13	14
15	16	17	18	19	20	21
22	23	24	25	26	27	28
29	30	31				

APRIL

S	M	T	W	T	F	S
			1	2	3	4
5	6	7	8	9	10	11
12	13	14	15	16	17	18
19	20	21	22	23	24	25
26	27	28	29	30		

2020

There is no greatness where there is not simplicity,
goodness, and truth.

Leo Tolstoy

March

16 MONDAY

17 TUESDAY — St. Patrick's Day

18 WEDNESDAY

19 THURSDAY — Vernal Equinox

20 FRIDAY

21 SATURDAY

22 SUNDAY — Mother's Day (UK)

Notes

MARCH

S	M	T	W	T	F	S
1	2	3	4	5	6	7
8	9	10	11	12	13	14
15	16	17	18	19	20	21
22	23	24	25	26	27	28
29	30	31				

APRIL

S	M	T	W	T	F	S
			1	2	3	4
5	6	7	8	9	10	11
12	13	14	15	16	17	18
19	20	21	22	23	24	25
26	27	28	29	30		

2020

Less is more.

Mies van der Rohe

March

23 Monday

24 Tuesday ● New Moon

25 Wednesday

26 Thursday

27 Friday

28 Saturday

29 Sunday

Notes

MARCH

S	M	T	W	T	F	S
1	2	3	4	5	6	7
8	9	10	11	12	13	14
15	16	17	18	19	20	21
22	23	24	25	26	27	28
29	30	31				

APRIL

S	M	T	W	T	F	S
			1	2	3	4
5	6	7	8	9	10	11
12	13	14	15	16	17	18
19	20	21	22	23	24	25
26	27	28	29	30		

2020

April 2020

MONTH OVERVIEW

MARCH

S	M	T	W	T	F	S
1	2	3	4	5	6	7
8	9	10	11	12	13	14
15	16	17	18	19	20	21
22	23	24	25	26	27	28
29	30	31				

MAY

S	M	T	W	T	F	S
					1	2
3	4	5	6	7	8	9
10	11	12	13	14	15	16
17	18	19	20	21	22	23
24	25	26	27	28	29	30
31						

Sunday	Monday	Tuesday	Wednesday	Thursday	Friday	Saturday
29	30	31	1	2	3	4
5 Palm Sunday	6	7 ○ FULL MOON	8 Passover begins at sundown	9	10 Good Friday	11
12 Easter Sunday	13 Easter Monday (CAN, UK, AUS, NZ)	14	15	16	17	18
19	20 Holocaust Remembrance Day begins at sundown	21	22 Earth Day ● NEW MOON	23	24 Arbor Day	25 ANZAC Day (Australia, NZ)
26	27 ANZAC Day (observed) (W. Australia)	28	29	30	1	2

Notes

The art of living lies in a fine mingling of letting go
and holding on.

Havelock Ellis

March/April

30 MONDAY

31 TUESDAY

1 WEDNESDAY

2 THURSDAY

3 FRIDAY

4 SATURDAY

5 SUNDAY

Palm Sunday

Notes

APRIL

S	M	T	W	T	F	S
			1	2	3	4
5	6	7	8	9	10	11
12	13	14	15	16	17	18
19	20	21	22	23	24	25
26	27	28	29	30		

MAY

S	M	T	W	T	F	S
					1	2
3	4	5	6	7	8	9
10	11	12	13	14	15	16
17	18	19	20	21	22	23
24	25	26	27	28	29	30
31						

2020

Most of us are just about as happy as we make up our minds to be.

William Adams

April

6 MONDAY

7 TUESDAY ○ FULL MOON

8 WEDNESDAY Passover begins at sundown

9 THURSDAY

10 FRIDAY Good Friday

11 SATURDAY

12 SUNDAY Easter Sunday

Notes

APRIL

S	M	T	W	T	F	S
			1	2	3	4
5	6	7	8	9	10	11
12	13	14	15	16	17	18
19	20	21	22	23	24	25
26	27	28	29	30		

MAY

S	M	T	W	T	F	S
					1	2
3	4	5	6	7	8	9
10	11	12	13	14	15	16
17	18	19	20	21	22	23
24	25	26	27	28	29	30
31						

2020

Beauty is eternity gazing at itself in a mirror.

KAHLIL GIBRAN

April

13 Monday — Easter Monday (CAN, UK, AUS, NZ)

14 Tuesday

15 Wednesday

16 Thursday

17 Friday

18 Saturday

19 Sunday

Notes

APRIL

S	M	T	W	T	F	S
			1	2	3	4
5	6	7	8	9	10	11
12	13	14	15	16	17	18
19	20	21	22	23	24	25
26	27	28	29	30		

MAY

S	M	T	W	T	F	S
					1	2
3	4	5	6	7	8	9
10	11	12	13	14	15	16
17	18	19	20	21	22	23
24	25	26	27	28	29	30
31						

2020

The sunshine of life is made up of very little beams,
that are bright all the time.

CONRAD POTTER AIKEN

April

20 Monday

Holocaust Remembrance Day begins at sundown

21 Tuesday

22 Wednesday

Earth Day

● New Moon

23 Thursday

24 Friday

Arbor Day

25 Saturday

ANZAC Day (Australia, NZ)

26 Sunday

Notes

APRIL

S	M	T	W	T	F	S
			1	2	3	4
5	6	7	8	9	10	11
12	13	14	15	16	17	18
19	20	21	22	23	24	25
26	27	28	29	30		

MAY

S	M	T	W	T	F	S
					1	2
3	4	5	6	7	8	9
10	11	12	13	14	15	16
17	18	19	20	21	22	23
24	25	26	27	28	29	30
31						

2020

May 2020

MONTH OVERVIEW

APRIL						
S	M	T	W	T	F	S
			1	2	3	4
5	6	7	8	9	10	11
12	13	14	15	16	17	18
19	20	21	22	23	24	25
26	27	28	29	30		

JUNE						
S	M	T	W	T	F	S
	1	2	3	4	5	6
7	8	9	10	11	12	13
14	15	16	17	18	19	20
21	22	23	24	25	26	27
28	29	30				

Sunday	Monday	Tuesday	Wednesday	Thursday	Friday	Saturday
26	27	28	29	30	1 May Day	2
3	4 Bank Holiday (UK) Labour Day (Queensland)	5	6	7 ○ FULL MOON	8	9
10 Mother's Day (US, CAN, AUS, NZ)	11	12	13	14	15	16 Armed Forces Day
17	18 Victoria Day (Canada)	19	20	21	22 ● NEW MOON	23
24/31	25 Memorial Day Bank Holiday (UK)	26	27	28	29	30

Notes

Our souls are not hungry for fame, comfort, wealth, or power. Our souls are hungry for meaning, for the sense that we have figured out how to live so that our lives matter.

HAROLD KUSHNER

April/May

27 | Monday — ANZAC Day (observed) (W. Australia)

28 | Tuesday

29 | Wednesday

30 | Thursday

1 | Friday — May Day

2 | Saturday

3 | Sunday

Notes

MAY

S	M	T	W	T	F	S
					1	2
3	4	5	6	7	8	9
10	11	12	13	14	15	16
17	18	19	20	21	22	23
24	25	26	27	28	29	30
31						

JUNE

S	M	T	W	T	F	S
	1	2	3	4	5	6
7	8	9	10	11	12	13
14	15	16	17	18	19	20
21	22	23	24	25	26	27
28	29	30				

2020

We cannot hold a torch to light another's path
without brightening our own.

BEN SWEETLAND

May

4 Monday — Bank Holiday (UK); Labour Day (Queensland)

5 Tuesday

6 Wednesday

7 Thursday — ○ Full Moon

8 Friday

9 Saturday

10 Sunday — Mother's Day (US, CAN, AUS, NZ)

Notes

MAY

S	M	T	W	T	F	S
					1	2
3	4	5	6	7	8	9
10	11	12	13	14	15	16
17	18	19	20	21	22	23
24	25	26	27	28	29	30
31						

JUNE

S	M	T	W	T	F	S
	1	2	3	4	5	6
7	8	9	10	11	12	13
14	15	16	17	18	19	20
21	22	23	24	25	26	27
28	29	30				

2020

The aspects of things that are most important for us
are hidden because of their simplicity and familiarity.

Ludwig Wittgenstein

May

11 Monday

12 Tuesday

13 Wednesday

14 Thursday

15 Friday

16 Saturday

Armed Forces Day

17 Sunday

Notes

MAY

S	M	T	W	T	F	S
					1	2
3	4	5	6	7	8	9
10	11	12	13	14	15	16
17	18	19	20	21	22	23
24	25	26	27	28	29	30
31						

JUNE

S	M	T	W	T	F	S
	1	2	3	4	5	6
7	8	9	10	11	12	13
14	15	16	17	18	19	20
21	22	23	24	25	26	27
28	29	30				

2020

It's not what you look at that matters, it's what you see.

Henry David Thoreau

May

18 Monday — Victoria Day (Canada)

19 Tuesday

20 Wednesday

21 Thursday

22 Friday — ● New Moon

23 Saturday

24 Sunday

Notes

MAY

S	M	T	W	T	F	S
					1	2
3	4	5	6	7	8	9
10	11	12	13	14	15	16
17	18	19	20	21	22	23
24	25	26	27	28	29	30
31						

JUNE

S	M	T	W	T	F	S
	1	2	3	4	5	6
7	8	9	10	11	12	13
14	15	16	17	18	19	20
21	22	23	24	25	26	27
28	29	30				

2020

The greatest truths are the simplest.

Hosea Ballou

May

25 Monday

Memorial Day

Bank Holiday (UK)

26 Tuesday

27 Wednesday

28 Thursday

29 Friday

30 Saturday

31 Sunday

Notes

MAY

S	M	T	W	T	F	S
					1	2
3	4	5	6	7	8	9
10	11	12	13	14	15	16
17	18	19	20	21	22	23
24	25	26	27	28	29	30
31						

JUNE

S	M	T	W	T	F	S
	1	2	3	4	5	6
7	8	9	10	11	12	13
14	15	16	17	18	19	20
21	22	23	24	25	26	27
28	29	30				

2020

June 2020

MONTH OVERVIEW

MAY

S	M	T	W	T	F	S
					1	2
3	4	5	6	7	8	9
10	11	12	13	14	15	16
17	18	19	20	21	22	23
24	25	26	27	28	29	30
31						

JULY

S	M	T	W	T	F	S
			1	2	3	4
5	6	7	8	9	10	11
12	13	14	15	16	17	18
19	20	21	22	23	24	25
26	27	28	29	30	31	

Sunday	Monday	Tuesday	Wednesday	Thursday	Friday	Saturday
31	1 Queen's Birthday (New Zealand)	2	3	4	5 ○ FULL MOON	6
7	8 Queen's Birthday (Australia)	9	10	11	12	13
14 Flag Day	15	16	17	18	19	20 Summer Solstice
21 Father's Day (US, Canada, UK) ● NEW MOON	22	23	24	25	26	27
28	29	30	1	2	3	4

Notes

Contentment is accepting what God has given us,
and, by His strength, making the most of it.

C. J. JACKSON

June

1	Monday	Queen's Birthday (New Zealand)
2	Tuesday	
3	Wednesday	
4	Thursday	
5	Friday	○ Full Moon
6	Saturday	
7	Sunday	

Notes

JUNE

S	M	T	W	T	F	S
	1	2	3	4	5	6
7	8	9	10	11	12	13
14	15	16	17	18	19	20
21	22	23	24	25	26	27
28	29	30				

JULY

S	M	T	W	T	F	S
			1	2	3	4
5	6	7	8	9	10	11
12	13	14	15	16	17	18
19	20	21	22	23	24	25
26	27	28	29	30	31	

2020

The world is but a canvas to the imagination.

Henry David Thoreau

June

8 Monday — Queen's Birthday (Australia)

9 Tuesday

10 Wednesday

11 Thursday

12 Friday

13 Saturday

14 Sunday — Flag Day

Notes

JUNE

S	M	T	W	T	F	S
	1	2	3	4	5	6
7	8	9	10	11	12	13
14	15	16	17	18	19	20
21	22	23	24	25	26	27
28	29	30				

JULY

S	M	T	W	T	F	S
			1	2	3	4
5	6	7	8	9	10	11
12	13	14	15	16	17	18
19	20	21	22	23	24	25
26	27	28	29	30	31	

2020

I believe a leaf of grass is no less than the journey-work of the stars.

WALT WHITMAN

June

15 Monday

16 Tuesday

17 Wednesday

18 Thursday

19 Friday

20 Saturday

Summer Solstice

21 Sunday

Father's Day
(US, Canada, UK)

● New Moon

Notes

JUNE

S	M	T	W	T	F	S
	1	2	3	4	5	6
7	8	9	10	11	12	13
14	15	16	17	18	19	20
21	22	23	24	25	26	27
28	29	30				

JULY

S	M	T	W	T	F	S
			1	2	3	4
5	6	7	8	9	10	11
12	13	14	15	16	17	18
19	20	21	22	23	24	25
26	27	28	29	30	31	

2020

While we are postponing, life speeds by.

SENECA

June

22 MONDAY

23 TUESDAY

24 WEDNESDAY

25 THURSDAY

26 FRIDAY

27 SATURDAY

28 SUNDAY

Notes

JUNE

S	M	T	W	T	F	S
	1	2	3	4	5	6
7	8	9	10	11	12	13
14	15	16	17	18	19	20
21	22	23	24	25	26	27
28	29	30				

JULY

S	M	T	W	T	F	S
			1	2	3	4
5	6	7	8	9	10	11
12	13	14	15	16	17	18
19	20	21	22	23	24	25
26	27	28	29	30	31	

2020

July 2020

MONTH OVERVIEW

JUNE						
S	M	T	W	T	F	S
	1	2	3	4	5	6
7	8	9	10	11	12	13
14	15	16	17	18	19	20
21	22	23	24	25	26	27
28	29	30				

AUGUST						
S	M	T	W	T	F	S
						1
2	3	4	5	6	7	8
9	10	11	12	13	14	15
16	17	18	19	20	21	22
23	24	25	26	27	28	29
30	31					

Sunday	Monday	Tuesday	Wednesday	Thursday	Friday	Saturday
28	29	30	1 Canada Day	2	3	4 Independence Day
5 ○ FULL MOON	6	7	8	9	10	11
12	13	14	15	16	17	18
19	20 ● NEW MOON	21	22	23	24	25
26	27	28	29	30	31	1

Notes

Let us be grateful to people who make us happy; they are the charming gardeners who make our souls blossom.

MARCEL PROUST

June/July

29 Monday

30 Tuesday

1 Wednesday — Canada Day

2 Thursday

3 Friday

4 Saturday — Independence Day

5 Sunday — ○ Full Moon

Notes

JULY

S	M	T	W	T	F	S
			1	2	3	4
5	6	7	8	9	10	11
12	13	14	15	16	17	18
19	20	21	22	23	24	25
26	27	28	29	30	31	

AUGUST

S	M	T	W	T	F	S
						1
2	3	4	5	6	7	8
9	10	11	12	13	14	15
16	17	18	19	20	21	22
23	24	25	26	27	28	29
30	31					

2020

Heaven is under our feet as well as over our heads.

Henry David Thoreau

July

6 Monday

7 Tuesday

8 Wednesday

9 Thursday

10 Friday

11 Saturday

12 Sunday

Notes

JULY

S	M	T	W	T	F	S
			1	2	3	4
5	6	7	8	9	10	11
12	13	14	15	16	17	18
19	20	21	22	23	24	25
26	27	28	29	30	31	

AUGUST

S	M	T	W	T	F	S
						1
2	3	4	5	6	7	8
9	10	11	12	13	14	15
16	17	18	19	20	21	22
23	24	25	26	27	28	29
30	31					

2020

It's the simple things in life
that are the most extraordinary.

PAULO COELHO

July

13 Monday

14 Tuesday

15 Wednesday

16 Thursday

17 Friday

18 Saturday

19 Sunday

Notes

JULY

S	M	T	W	T	F	S
			1	2	3	4
5	6	7	8	9	10	11
12	13	14	15	16	17	18
19	20	21	22	23	24	25
26	27	28	29	30	31	

AUGUST

S	M	T	W	T	F	S
						1
2	3	4	5	6	7	8
9	10	11	12	13	14	15
16	17	18	19	20	21	22
23	24	25	26	27	28	29
30	31					

2020

Simplicity is the nature of great souls.

ANONYMOUS

July

20 MONDAY ● NEW MOON

21 TUESDAY

22 WEDNESDAY

23 THURSDAY

24 FRIDAY

25 SATURDAY

26 SUNDAY

Notes

JULY

S	M	T	W	T	F	S
			1	2	3	4
5	6	7	8	9	10	11
12	13	14	15	16	17	18
19	20	21	22	23	24	25
26	27	28	29	30	31	

AUGUST

S	M	T	W	T	F	S
						1
2	3	4	5	6	7	8
9	10	11	12	13	14	15
16	17	18	19	20	21	22
23	24	25	26	27	28	29
30	31					

2020

August 2020

MONTH OVERVIEW

JULY						
S	M	T	W	T	F	S
			1	2	3	4
5	6	7	8	9	10	11
12	13	14	15	16	17	18
19	20	21	22	23	24	25
26	27	28	29	30	31	

SEPTEMBER						
S	M	T	W	T	F	S
		1	2	3	4	5
6	7	8	9	10	11	12
13	14	15	16	17	18	19
20	21	22	23	24	25	26
27	28	29	30			

Sunday	Monday	Tuesday	Wednesday	Thursday	Friday	Saturday
26	27	28	29	30	31	1
2	3 Civic Holiday (Canada) Bank Holiday (NSW) ○ FULL MOON	4	5	6	7	8
9	10	11	12	13	14	15
16	17	18 ● NEW MOON	19	20	21	22
23/30	24/31 Bank Holiday (UK) (31st)	25	26	27	28	29

Notes

You can't force simplicity; but you can invite it in by finding as much richness as possible in the few things at hand.

THOMAS MOORE

July/August

27 Monday

28 Tuesday

29 Wednesday

30 Thursday

31 Friday

1 Saturday

2 Sunday

Notes

AUGUST

S	M	T	W	T	F	S
						1
2	3	4	5	6	7	8
9	10	11	12	13	14	15
16	17	18	19	20	21	22
23	24	25	26	27	28	29
30	31					

SEPTEMBER

S	M	T	W	T	F	S
		1	2	3	4	5
6	7	8	9	10	11	12
13	14	15	16	17	18	19
20	21	22	23	24	25	26
27	28	29	30			

2020

I go to nature to be soothed and healed,
and to have my senses put in order.

John Burroughs

August

3 Monday

Civic Holiday (Canada)

Bank Holiday (NSW)

○ Full Moon

4 Tuesday

5 Wednesday

6 Thursday

7 Friday

8 Saturday

9 Sunday

Notes

AUGUST

S	M	T	W	T	F	S
						1
2	3	4	5	6	7	8
9	10	11	12	13	14	15
16	17	18	19	20	21	22
23	24	25	26	27	28	29
30	31					

SEPTEMBER

S	M	T	W	T	F	S
		1	2	3	4	5
6	7	8	9	10	11	12
13	14	15	16	17	18	19
20	21	22	23	24	25	26
27	28	29	30			

2020

A contented mind is the greatest blessing
a man can enjoy in this world.

Joseph Addison

August

10 Monday

11 Tuesday

12 Wednesday

13 Thursday

14 Friday

15 Saturday

16 Sunday

Notes

AUGUST

S	M	T	W	T	F	S
						1
2	3	4	5	6	7	8
9	10	11	12	13	14	15
16	17	18	19	20	21	22
23	24	25	26	27	28	29
30	31					

SEPTEMBER

S	M	T	W	T	F	S
		1	2	3	4	5
6	7	8	9	10	11	12
13	14	15	16	17	18	19
20	21	22	23	24	25	26
27	28	29	30			

2020

Great things are not done by impulse,
but by a series of small things brought together.

Vincent van Gogh

August

17 Monday

18 Tuesday ● New Moon

19 Wednesday

20 Thursday

21 Friday

22 Saturday

23 Sunday

Notes

AUGUST

S	M	T	W	T	F	S
						1
2	3	4	5	6	7	8
9	10	11	12	13	14	15
16	17	18	19	20	21	22
23	24	25	26	27	28	29
30	31					

SEPTEMBER

S	M	T	W	T	F	S
		1	2	3	4	5
6	7	8	9	10	11	12
13	14	15	16	17	18	19
20	21	22	23	24	25	26
27	28	29	30			

We must learn to reawaken and keep ourselves awake, not by mechanical aid, but by an infinite expectation of the dawn.

HENRY DAVID THOREAU

August

24 Monday

25 Tuesday

26 Wednesday

27 Thursday

28 Friday

29 Saturday

30 Sunday

Notes

AUGUST

S	M	T	W	T	F	S
						1
2	3	4	5	6	7	8
9	10	11	12	13	14	15
16	17	18	19	20	21	22
23	24	25	26	27	28	29
30	31					

SEPTEMBER

S	M	T	W	T	F	S
		1	2	3	4	5
6	7	8	9	10	11	12
13	14	15	16	17	18	19
20	21	22	23	24	25	26
27	28	29	30			

2020

September 2020

MONTH OVERVIEW

AUGUST

S	M	T	W	T	F	S
						1
2	3	4	5	6	7	8
9	10	11	12	13	14	15
16	17	18	19	20	21	22
23	24	25	26	27	28	29
30	31					

OCTOBER

S	M	T	W	T	F	S
				1	2	3
4	5	6	7	8	9	10
11	12	13	14	15	16	17
18	19	20	21	22	23	24
25	26	27	28	29	30	31

Sunday	Monday	Tuesday	Wednesday	Thursday	Friday	Saturday
30	31	1	2 ○ FULL MOON	3	4	5
6 Father's Day (Australia, NZ)	7 Labor Day (US, Canada)	8	9	10	11	12
13	14	15	16	17 ● NEW MOON	18 Rosh Hashanah begins at sundown	19
20	21 UN International Day of Peace	22 Autumnal Equinox	23	24	25	26
27 Yom Kippur begins at sundown	28 Queen's Birthday (W. Australia)	29	30	1	2	3

Notes

Everything should be made as simple as possible,
but not simpler.

ALBERT EINSTEIN

August/September

31 Monday — Bank Holiday (UK)

1 Tuesday

2 Wednesday — ○ Full Moon

3 Thursday

4 Friday

5 Saturday

6 Sunday — Father's Day (Australia, NZ)

Notes

SEPTEMBER

S	M	T	W	T	F	S
		1	2	3	4	5
6	7	8	9	10	11	12
13	14	15	16	17	18	19
20	21	22	23	24	25	26
27	28	29	30			

OCTOBER

S	M	T	W	T	F	S
				1	2	3
4	5	6	7	8	9	10
11	12	13	14	15	16	17
18	19	20	21	22	23	24
25	26	27	28	29	30	31

2020

You have succeeded in life when all you really want
is only what you really need.

Vernon Howard

September

7 Monday

Labor Day
(US, Canada)

8 Tuesday

9 Wednesday

10 Thursday

11 Friday

12 Saturday

13 Sunday

Notes

SEPTEMBER

S	M	T	W	T	F	S
		1	2	3	4	5
6	7	8	9	10	11	12
13	14	15	16	17	18	19
20	21	22	23	24	25	26
27	28	29	30			

OCTOBER

S	M	T	W	T	F	S
				1	2	3
4	5	6	7	8	9	10
11	12	13	14	15	16	17
18	19	20	21	22	23	24
25	26	27	28	29	30	31

2020

Simplicity and naturalness are the truest marks of distinction.

W. Somerset Maugham

September

14 | Monday

15 | Tuesday

16 | Wednesday

17 | Thursday

● New Moon

18 | Friday

Rosh Hashanah begins at sundown

19 | Saturday

20 | Sunday

Notes

SEPTEMBER

S	M	T	W	T	F	S
		1	2	3	4	5
6	7	8	9	10	11	12
13	14	15	16	17	18	19
20	21	22	23	24	25	26
27	28	29	30			

OCTOBER

S	M	T	W	T	F	S
				1	2	3
4	5	6	7	8	9	10
11	12	13	14	15	16	17
18	19	20	21	22	23	24
25	26	27	28	29	30	31

2020

Work is not man's punishment.
It is his reward and his strength and his pleasure.

GEORGE SAND

September

21 MONDAY — UN International Day of Peace

22 TUESDAY — Autumnal Equinox

23 WEDNESDAY

24 THURSDAY

25 FRIDAY

26 SATURDAY

27 SUNDAY — Yom Kippur begins at sundown

Notes

SEPTEMBER

S	M	T	W	T	F	S
		1	2	3	4	5
6	7	8	9	10	11	12
13	14	15	16	17	18	19
20	21	22	23	24	25	26
27	28	29	30			

OCTOBER

S	M	T	W	T	F	S
				1	2	3
4	5	6	7	8	9	10
11	12	13	14	15	16	17
18	19	20	21	22	23	24
25	26	27	28	29	30	31

2020

October 2020

MONTH OVERVIEW

SEPTEMBER

S	M	T	W	T	F	S
		1	2	3	4	5
6	7	8	9	10	11	12
13	14	15	16	17	18	19
20	21	22	23	24	25	26
27	28	29	30			

NOVEMBER

S	M	T	W	T	F	S
1	2	3	4	5	6	7
8	9	10	11	12	13	14
15	16	17	18	19	20	21
22	23	24	25	26	27	28
29	30					

Sunday	Monday	Tuesday	Wednesday	Thursday	Friday	Saturday
27	28	29	30	1 ○ FULL MOON	2	3
4	5 Labour Day (ACT, NSW, SA) Queen's Birthday (Queensland)	6	7	8	9	10
11	12 Columbus Day (observed) Thanksgiving (Canada)	13	14	15	16 ● NEW MOON	17
18	19	20	21	22	23	24
25	26 Labour Day (New Zealand)	27	28	29	30	31 Halloween ○ FULL MOON

Notes

It matters not how long we live, but how.

Philip James Bailey

September/October

28 MONDAY — Queen's Birthday (W. Australia)

29 TUESDAY

30 WEDNESDAY

1 THURSDAY — ○ FULL MOON

2 FRIDAY

3 SATURDAY

4 SUNDAY

Notes

OCTOBER

S	M	T	W	T	F	S
				1	2	3
4	5	6	7	8	9	10
11	12	13	14	15	16	17
18	19	20	21	22	23	24
25	26	27	28	29	30	31

NOVEMBER

S	M	T	W	T	F	S
1	2	3	4	5	6	7
8	9	10	11	12	13	14
15	16	17	18	19	20	21
22	23	24	25	26	27	28
29	30					

Earth and sky, woods and fields, lakes and rivers, the mountain and the sea, are excellent schoolmasters, and teach some of us more than we can ever learn from books.

JOHN LUBBOCK

October

5 Monday

Labour Day (ACT, NSW, SA)

Queen's Birthday (Queensland)

6 Tuesday

7 Wednesday

8 Thursday

9 Friday

10 Saturday

11 Sunday

Notes

OCTOBER

S	M	T	W	T	F	S
				1	2	3
4	5	6	7	8	9	10
11	12	13	14	15	16	17
18	19	20	21	22	23	24
25	26	27	28	29	30	31

NOVEMBER

S	M	T	W	T	F	S
1	2	3	4	5	6	7
8	9	10	11	12	13	14
15	16	17	18	19	20	21
22	23	24	25	26	27	28
29	30					

2020

The universe is transformation;
our life is what our thoughts make it.

Marcus Aurelius

October

12 MONDAY — Columbus Day (observed); Thanksgiving (Canada)

13 TUESDAY

14 WEDNESDAY

15 THURSDAY

16 FRIDAY — ● NEW MOON

17 SATURDAY

18 SUNDAY

Notes

OCTOBER

S	M	T	W	T	F	S
				1	2	3
4	5	6	7	8	9	10
11	12	13	14	15	16	17
18	19	20	21	22	23	24
25	26	27	28	29	30	31

NOVEMBER

S	M	T	W	T	F	S
1	2	3	4	5	6	7
8	9	10	11	12	13	14
15	16	17	18	19	20	21
22	23	24	25	26	27	28
29	30					

2020

Order and simplification are the first steps towards the mastery of a subject.

THOMAS MANN

October

19 Monday

20 Tuesday

21 Wednesday

22 Thursday

23 Friday

24 Saturday

25 Sunday

Notes

OCTOBER

S	M	T	W	T	F	S
				1	2	3
4	5	6	7	8	9	10
11	12	13	14	15	16	17
18	19	20	21	22	23	24
25	26	27	28	29	30	31

NOVEMBER

S	M	T	W	T	F	S
1	2	3	4	5	6	7
8	9	10	11	12	13	14
15	16	17	18	19	20	21
22	23	24	25	26	27	28
29	30					

2020

November 2020

MONTH OVERVIEW

OCTOBER

S	M	T	W	T	F	S
				1	2	3
4	5	6	7	8	9	10
11	12	13	14	15	16	17
18	19	20	21	22	23	24
25	26	27	28	29	30	31

DECEMBER

S	M	T	W	T	F	S
		1	2	3	4	5
6	7	8	9	10	11	12
13	14	15	16	17	18	19
20	21	22	23	24	25	26
27	28	29	30	31		

Sunday	Monday	Tuesday	Wednesday	Thursday	Friday	Saturday
1 All Saints' Day Daylight Saving ends	2	3 Election Day	4	5	6	7
8 Remembrance Sunday (UK)	9	10	11 Veterans Day Remembrance Day (CAN, AUS, NZ)	12	13	14
15 ● NEW MOON	16	17	18	19	20	21
22	23	24	25	26 Thanksgiving	27	28
29	30 ○ FULL MOON	1	2	3	4	5

Notes

Expect nothing, live frugally on surprise.

Alice Walker

October/November

26	Monday	Labour Day (New Zealand)
27	Tuesday	
28	Wednesday	
29	Thursday	
30	Friday	
31	Saturday	Halloween ○ Full Moon
1	Sunday	All Saints' Day Daylight Saving ends

Notes

NOVEMBER

S	M	T	W	T	F	S
1	2	3	4	5	6	7
8	9	10	11	12	13	14
15	16	17	18	19	20	21
22	23	24	25	26	27	28
29	30					

DECEMBER

S	M	T	W	T	F	S
		1	2	3	4	5
6	7	8	9	10	11	12
13	14	15	16	17	18	19
20	21	22	23	24	25	26
27	28	29	30	31		

2020

And this, our life, exempt from public haunt,
finds tongues in trees, books in the running brooks,
sermons in stones, and good in everything.

WILLIAM SHAKESPEARE

November

2 Monday

3 Tuesday — Election Day

4 Wednesday

5 Thursday

6 Friday

7 Saturday

8 Sunday — Remembrance Sunday (UK)

Notes

NOVEMBER

S	M	T	W	T	F	S
1	2	3	4	5	6	7
8	9	10	11	12	13	14
15	16	17	18	19	20	21
22	23	24	25	26	27	28
29	30					

DECEMBER

S	M	T	W	T	F	S
		1	2	3	4	5
6	7	8	9	10	11	12
13	14	15	16	17	18	19
20	21	22	23	24	25	26
27	28	29	30	31		

2020

One is content if one can find happiness
in simple pleasures.

Thomas Malloy

November

9 MONDAY

10 TUESDAY

11 WEDNESDAY

Veterans Day

Remembrance Day (CAN, AUS, NZ)

12 THURSDAY

13 FRIDAY

14 SATURDAY

15 SUNDAY

● NEW MOON

Notes

NOVEMBER

S	M	T	W	T	F	S
1	2	3	4	5	6	7
8	9	10	11	12	13	14
15	16	17	18	19	20	21
22	23	24	25	26	27	28
29	30					

DECEMBER

S	M	T	W	T	F	S
		1	2	3	4	5
6	7	8	9	10	11	12
13	14	15	16	17	18	19
20	21	22	23	24	25	26
27	28	29	30	31		

2020

There is enchantment right in front of you,
waiting for you to notice.

Janet Luhrs

November

16 Monday

17 Tuesday

18 Wednesday

19 Thursday

20 Friday

21 Saturday

22 Sunday

Notes

NOVEMBER

S	M	T	W	T	F	S
1	2	3	4	5	6	7
8	9	10	11	12	13	14
15	16	17	18	19	20	21
22	23	24	25	26	27	28
29	30					

DECEMBER

S	M	T	W	T	F	S
		1	2	3	4	5
6	7	8	9	10	11	12
13	14	15	16	17	18	19
20	21	22	23	24	25	26
27	28	29	30	31		

2020

As I grew older, I realized that it was much better to insist on the genuine forms of nature, for simplicity is the greatest adornment of art.

Albrecht Durer

November

23 Monday

24 Tuesday

25 Wednesday

26 Thursday Thanksgiving

27 Friday

28 Saturday

29 Sunday

Notes

NOVEMBER

S	M	T	W	T	F	S
1	2	3	4	5	6	7
8	9	10	11	12	13	14
15	16	17	18	19	20	21
22	23	24	25	26	27	28
29	30					

DECEMBER

S	M	T	W	T	F	S
		1	2	3	4	5
6	7	8	9	10	11	12
13	14	15	16	17	18	19
20	21	22	23	24	25	26
27	28	29	30	31		

2020

December 2020

MONTH OVERVIEW

NOVEMBER

S	M	T	W	T	F	S
1	2	3	4	5	6	7
8	9	10	11	12	13	14
15	16	17	18	19	20	21
22	23	24	25	26	27	28
29	30					

JANUARY 2021

S	M	T	W	T	F	S
					1	2
3	4	5	6	7	8	9
10	11	12	13	14	15	16
17	18	19	20	21	22	23
24	25	26	27	28	29	30
31						

Sunday	Monday	Tuesday	Wednesday	Thursday	Friday	Saturday
29	30	1	2	3	4	5
6	7 Pearl Harbor Remembrance Day	8	9	10 Hanukkah begins at sundown	11	12
13	14 ● NEW MOON	15	16	17	18	19
20	21 Winter Solstice	22	23	24	25 Christmas	26 Boxing Day (CAN, UK, AUS, NZ) Kwanzaa begins
27	28 Boxing Day (observed) (CAN, UK, AUS, NZ)	29 ○ FULL MOON	30	31	1	2

Notes

By plucking her petals, you do not gather
the beauty of the flower.

Rabindranath Tagore

November/December

30 MONDAY ○ FULL MOON

1 TUESDAY

2 WEDNESDAY

3 THURSDAY

4 FRIDAY

5 SATURDAY

6 SUNDAY

Notes

DECEMBER

S	M	T	W	T	F	S
		1	2	3	4	5
6	7	8	9	10	11	12
13	14	15	16	17	18	19
20	21	22	23	24	25	26
27	28	29	30	31		

JANUARY 2021

S	M	T	W	T	F	S
					1	2
3	4	5	6	7	8	9
10	11	12	13	14	15	16
17	18	19	20	21	22	23
24	25	26	27	28	29	30
31						

2020

The dream was always running ahead of me.
To catch up, to live for a moment in unison
with it, that was the miracle.

ANAÏS NIN

December

7 MONDAY

Pearl Harbor Remembrance Day

8 TUESDAY

9 WEDNESDAY

10 THURSDAY

Hanukkah begins at sundown

11 FRIDAY

12 SATURDAY

13 SUNDAY

Notes

DECEMBER

S	M	T	W	T	F	S
		1	2	3	4	5
6	7	8	9	10	11	12
13	14	15	16	17	18	19
20	21	22	23	24	25	26
27	28	29	30	31		

JANUARY 2021

S	M	T	W	T	F	S
					1	2
3	4	5	6	7	8	9
10	11	12	13	14	15	16
17	18	19	20	21	22	23
24	25	26	27	28	29	30
31						

2020

Each one has to find his peace from within. And peace to be real must be unaffected by outside circumstances.

MAHATMA GANDHI

December

14 MONDAY ● NEW MOON

15 TUESDAY

16 WEDNESDAY

17 THURSDAY

18 FRIDAY

19 SATURDAY

20 SUNDAY

Notes

DECEMBER

S	M	T	W	T	F	S
		1	2	3	4	5
6	7	8	9	10	11	12
13	14	15	16	17	18	19
20	21	22	23	24	25	26
27	28	29	30	31		

JANUARY 2021

S	M	T	W	T	F	S
					1	2
3	4	5	6	7	8	9
10	11	12	13	14	15	16
17	18	19	20	21	22	23
24	25	26	27	28	29	30
31						

2020

Only from the heart can you touch the sky.

Rumi

December

21 MONDAY — Winter Solstice

22 TUESDAY

23 WEDNESDAY

24 THURSDAY

25 FRIDAY — Christmas

26 SATURDAY — Kwanzaa begins

Boxing Day (CAN, UK, AUS, NZ)

27 SUNDAY

Notes

DECEMBER

S	M	T	W	T	F	S
		1	2	3	4	5
6	7	8	9	10	11	12
13	14	15	16	17	18	19
20	21	22	23	24	25	26
27	28	29	30	31		

JANUARY 2021

S	M	T	W	T	F	S
					1	2
3	4	5	6	7	8	9
10	11	12	13	14	15	16
17	18	19	20	21	22	23
24	25	26	27	28	29	30
31						

2020

December 2020/ January 2021

28 Monday

Boxing Day (observed) (CAN, UK, AUS, NZ)

29 Tuesday

○ Full Moon

30 Wednesday

31 Thursday

1 Friday

New Year's Day

2 Saturday

3 Sunday

Notes

DECEMBER

S	M	T	W	T	F	S
		1	2	3	4	5
6	7	8	9	10	11	12
13	14	15	16	17	18	19
20	21	22	23	24	25	26
27	28	29	30	31		

JANUARY 2021

S	M	T	W	T	F	S
					1	2
3	4	5	6	7	8	9
10	11	12	13	14	15	16
17	18	19	20	21	22	23
24	25	26	27	28	29	30
31						

2021

JANUARY

S	M	T	W	T	F	S
					1	2
3	4	5	6	7	8	9
10	11	12	13	14	15	16
17	18	19	20	21	22	23
24	25	26	27	28	29	30
31						

FEBRUARY

S	M	T	W	T	F	S
	1	2	3	4	5	6
7	8	9	10	11	12	13
14	15	16	17	18	19	20
21	22	23	24	25	26	27
28						

MARCH

S	M	T	W	T	F	S
	1	2	3	4	5	6
7	8	9	10	11	12	13
14	15	16	17	18	19	20
21	22	23	24	25	26	27
28	29	30	31			

APRIL

S	M	T	W	T	F	S
				1	2	3
4	5	6	7	8	9	10
11	12	13	14	15	16	17
18	19	20	21	22	23	24
25	26	27	28	29	30	

MAY

S	M	T	W	T	F	S
						1
2	3	4	5	6	7	8
9	10	11	12	13	14	15
16	17	18	19	20	21	22
23	24	25	26	27	28	29
30	31					

JUNE

S	M	T	W	T	F	S
		1	2	3	4	5
6	7	8	9	10	11	12
13	14	15	16	17	18	19
20	21	22	23	24	25	26
27	28	29	30			

JULY

S	M	T	W	T	F	S
				1	2	3
4	5	6	7	8	9	10
11	12	13	14	15	16	17
18	19	20	21	22	23	24
25	26	27	28	29	30	31

AUGUST

S	M	T	W	T	F	S
1	2	3	4	5	6	7
8	9	10	11	12	13	14
15	16	17	18	19	20	21
22	23	24	25	26	27	28
29	30	31				

SEPTEMBER

S	M	T	W	T	F	S
			1	2	3	4
5	6	7	8	9	10	11
12	13	14	15	16	17	18
19	20	21	22	23	24	25
26	27	28	29	30		

OCTOBER

S	M	T	W	T	F	S
					1	2
3	4	5	6	7	8	9
10	11	12	13	14	15	16
17	18	19	20	21	22	23
24	25	26	27	28	29	30
31						

NOVEMBER

S	M	T	W	T	F	S
	1	2	3	4	5	6
7	8	9	10	11	12	13
14	15	16	17	18	19	20
21	22	23	24	25	26	27
28	29	30				

DECEMBER

S	M	T	W	T	F	S
			1	2	3	4
5	6	7	8	9	10	11
12	13	14	15	16	17	18
19	20	21	22	23	24	25
26	27	28	29	30	31	

Important Dates to Remember for 2021

JANUARY 2021

FEBRUARY 2021

MARCH 2021

APRIL 2021

MAY 2021

JUNE 2021

Important Dates to Remember for 2021

JULY 2021

AUGUST 2021

SEPTEMBER 2021

OCTOBER 2021

NOVEMBER 2021

DECEMBER 2021

Notes — Contacts

Notes — Contacts

Notes — Contacts

Notes — Contacts

Notes — Contacts

Notes — Contacts

Published by Sellers Publishing, Inc.
161 John Roberts Road, South Portland, Maine 04106
For ordering information:
Phone: 800-MAKE-FUN (800-625-3386) • Fax: (207) 772-6814
Visit our website: www.makefun.com • email: rsp@rsvp.com
Canadian Stores contact: Andrew Shapiro
Phone: (800) 625-3386 • email: ashapiro@rsvp.com

ISBN 13: 978-1-5319-0848-5

Printed in China with soy-based inks.

Astronomical information is in Eastern Time and Daylight Saving Time.
Key to abbreviations: United States (US), Canada (CAN),
United Kingdom (UK), Australia (AUS), South Australia (SA),
New South Wales (NSW), Australian Capital Territory (ACT),
New Zealand (NZ).